MW01275225

Este libro
pertenece a:

...........................................................................

Fogato, Valeria
    La sombra de la Sirena / textos e ilustraciones Valeria
Fogato; traducción Lino Forte. -- Bogotá : Panamericana
Editorial, 2006.
    32 p. : il. ; 24 cm.
    Título original: *L´ombra della sirena*
    ISBN 978-958-30-2377-4
    1. Cuentos infantiles italianos 2. Marinos - Cuentos infantiles
I. Forte, Lino, tr. II. Tít.
I853.91 cd 20 ed.
A1098137

    CEP-Banco de la República-Biblioteca Luis Ángel Arango

**Segunda reimpresión,** agosto de 2013
Primera edición en Edizioni Larus S.p.A., 2001
Primera edición en Panamericana Editorial Ltda.,
diciembre de 2006
Título original: *L´ombra della Sirena*
© 2001 Edizioni Larus
© 2006 de la edición en castellano
Panamericana Editorial Ltda.
Calle 12 No. 34-30, Tel.: (57 1) 3649000
Fax: (57 1) 2373805
www.panamericanaeditorial.com
Bogotá D. C., Colombia

**Editor**
Panamericana Editorial Ltda.
**Edición**
Gabriel Silva
**Traducción**
Lino Forte
**Textos e ilustraciones**
Valeria Fogato

ISBN 978-958-30-2377-4

Impreso por Panamericana Formas e Impresos S. A.
Calle 65 No. 95-28, Tels.: (57 1) 4302110 - 4300355
Fax: (57 1) 2763008
Bogotá D. C., Colombia
Quien sólo actúa como impresor.
Impreso en Colombia - *Printed in Colombia*

# La sombra de la sirena

*Escrito e ilustrado*
*por*
VALERIA FOGATO

PANAMERICANA
EDITORIAL

La historia
que vas a leer
habla
de un barco pequeñito.

Solo, solito,
en ese barco pequeñito
navegaba
un pequeño marinero…

y el marinero navegaba con su barco en el
océano que, por su parte, era tan, tan pero
tan grande que, cuando estás en él, por
dondequiera que mires, ves sólo cielo y
océano.

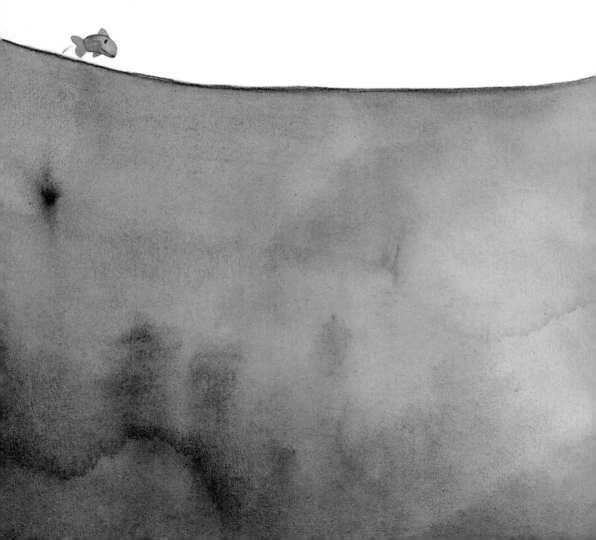

Es muy difícil que puedas ver algo distinto de cielo y océano si te sucede, como al pequeño marinero, que no tienes ni catalejo ni brújula... de hecho, sin catalejo ni brújula, él nunca podía encontrar tierra firme, y se veía obligado a navegar siempre a la deriva sin saber nunca a dónde ir.

Mientras fuera de día, el pequeño marinero estaba feliz, y no le preocupaba tanto estar en mar abierto; el sol resplandecía sobre su cabeza y las gaviotas revoloteaban alrededor de su barco.

Pero, al llegar la noche,

…¡madre santa, qué espanto!

De noche, el marinero, ya de por sí muy
pequeño, se hacía aún más pequeñito,
bajaba a la bodega, donde estaba su litera, y
se metía bajo las cobijas y trataba de dormir:
cerraba un ojo, pero el otro se le quedaba
abierto y cuando lograba cerrarlo, se le abría
el primero. Pero, como tú sabes, con un ojo
abierto, ¡nadie puede dormir!

Además, había algo que, por encima de todo,
lo llenaba de terror…

# …¡las sombras!

Sí, porque en la bodega puedes encontrar sombras espantosas que difícilmente encontrarías en otro lado.

Allí estaba la sombra de un pirata que tenía un garfio en vez de mano; la sombra de una medusa gigante con sus largos tentáculos, y la sombra terrorífica de un pez león.

En medio de todas esas pavorosas sombras había una en verdad especial: la sombra de una sirena, que parecía querer darle un beso a alguien. Y al mirarla, el pequeño marinero se tranquilizaba. Sin embargo, cuando lograba conciliar el sueño, ya casi era de día, el sol se estaba asomando en el horizonte y era hora de levantarse. Así pasaban los días despreocupados y las noches llenas de terror, hasta que el marinero no aguantó más y decidió hallar la forma de no temerles más a las sombras.

Además, ¿qué hay de horrible en una sombra?

# Acerca de las sombras

Estábamos en "¿Qué hay de horrible en una sombra?" De hecho, nunca se ha visto que una sombra golpee a alguien, le hale el pelo o le arme zafarrancho. Además, en la mayoría de los casos, si hay una sombra, tiene que haber también algo que la produzca. Aunque no es tan simple como suena...

Por ejemplo, la que está en la pared de la cocina y te parece una nave espacial recién aterrizada, no es otra cosa que la sombra... ¡de los platos que hay que lavar!

¿Ves un extraterrestre con los pelos de punta en tu cuarto? No; ¡es simplemente la sombra del desorden que hay sobre tu mesa de noche!

Sin embargo, también hay sombras raras cuando
la casa está limpia y en orden: ollas y cucharones
puestos a escurrir proyectan una sombra en forma
de... ¡monstruo marino!

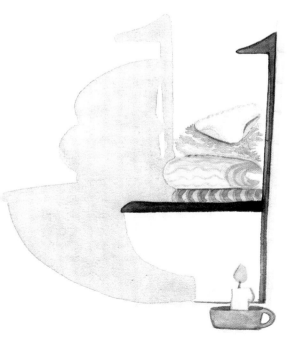

En el baño, la sombra de la
lencería recién planchada te
recuerda... te recuerda...
¡que ya es hora de regresar a
la historia del barco del
pequeño marinero!

El pequeño marinero pensó: "Si soy capaz de tocar por lo menos una de las sombras, me daré cuenta de que no está hecha de nada y de que no puede hacerme daño, y así ya no les tendré miedo".

¡Seguro! Pero, la noche que él escogió para esa valiente hazaña no era de las más indicadas: sobre el océano estaba por estallar una tremenda tempestad. En un abrir y cerrar de ojos todo se volvió oscuro y empezaron a caer gotas de lluvia tan grandes que parecían baldados de agua; y ni hablar, luego, de los truenos y los relámpagos, y de las olas altas como montañas. Sin embargo, el marinero ya estaba decidido a llegar hasta el final. Quedaba un único problema...

…¿cuál sombra debía tocar? Ciertamente la del pirata, con aquella mano con garfio, no. Y tampoco la del pez león: ¡tenía demasiado afilados los dientes! ¿Entonces, la de la medusa? ¡Ni se diga! ¡Las medusas pican! "¡Es tan sólo una sombra, no una medusa verdadera!", podrías aclarar tú; pero, sabes, cuando uno tiene mucho miedo, es un poco difícil entender ciertas cosas, y en ese momento el pequeño marinero tenía miedo de sobra. Imagínate, estaba por rendirse, cuando vio la sombra de la sirena. Y como la sirena parecía estar esperando un beso, él decidió dárselo. Se acercó con las rodillas temblorosas, se levantó sobre la punta de los pies, cerró los ojos y…

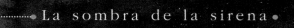

…¡cuando volvió a abrir los ojos se dio cuenta de que ya no tenía miedo!

También se dio cuenta de que el pirata, la medusa y el pez león tan sólo eran sombras creadas por su ropa colgada, por un montón de cuerdas y por una red de pescar…

…¡Total, nada espantoso!

Pero ¡un momento! ¿Dónde se había metido la sombra de la sirena?

La sombra de la sirena había desaparecido.
No obstante, en una esquina de la bodega,
sentada sobre una repisa, estaba una
sirena de carne y hueso, mejor dicho:
de pescado y hueso.
Era hermosa, con una maravillosa cola de
pescado que goteaba agua, y con su pelo
enredado de algas. En sus manos tenía un
catalejo de oro, con lentes de cristal,
recubierto de conchas y perlas.

La sirena le dijo:
*"Gran valentía has
demostrado;
me diste un beso y me
has liberado.
Ya no soy tan sólo una
sombra negra;
¡por fin soy ya
una sirena
verdadera!
Gracias te doy
con mi catalejo feliz
así siempre sabrás adónde ir.
Pero antes un favor me
tienes que hacer:
tómame en
tus brazos
y...
¡lánzame
al mar!"*

El pequeño marinero la tomó entre sus brazos y la lanzó al agua. El temporal había pasado y ya era de día. El marinero, con su nuevo y bellísimo catalejo, empezó a mirar a su alrededor.

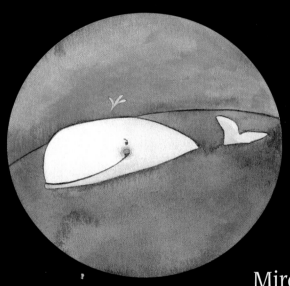

Miró a su izquierda.

Miró a su derecha.

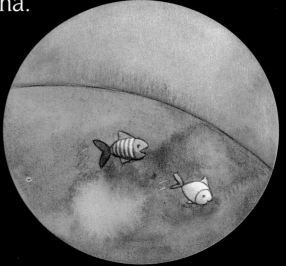

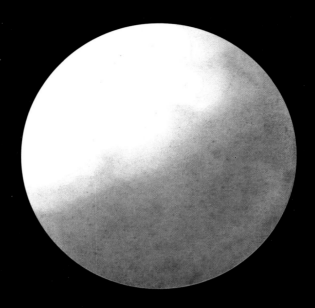

Miró arriba.

Miró abajo. (Demasiado abajo)

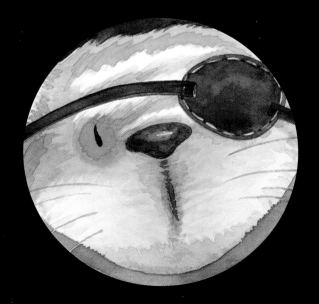

Cuando por fin miró al frente,
vio una pequeñísima isla
en donde podía atracar
su pequeñísimo barco.
Desde aquel día, el
pequeño marinero no
navegó más al azar
sino que, gracias
al catalejo de oro,
lograba ver tierras
muy lejanas.
Así sabía siempre en qué
dirección navegar.

Y cada vez que decidía partir
para explorar el mundo, a
lado del pequeñísimo barco
del pequeñísimo marinero
siempre se encontraba
la bella sirena nadando.